Möge der Allmächtige Sie und Ihre Familie
mit seinem Segen beschenken.

Engel & Dschinn; Wer Sind Sie?
Herausgegeben von Hidayah-Verlag

Copyright © 2022 Hidayah Publishers

Alle Rechte Vorbehalten. Kein Teil dieses Buches darf ohne Genehmigung des Herausgebers in irgendeiner Form vervielfältigt werden, es sei denn, dies ist nach dem US-Urheberrechtsgesetz zulässig.

ISBN: 978-1-990544-85-9

GESCHÖPFE ALLAHS (S.W.T.) IM UNIVERSUM

Im Islam glauben die Muslime an die Existenz aller Geschöpfe, die Allah (s.w.t.) erschaffen hat, wozu neben den Menschen und dem Tierreich auch die Dschinn und Engel gehören. Sowohl Dschinns als auch Engel existieren parallel zu den Menschen, und es gibt Interaktionen zwischen ihnen. Wir können sie jedoch nicht sehen; daher werden sie als "unsichtbare Wesen" bezeichnet. Aus den beiden authentischen Quellen des Islam, dem Koran und den Hadithen (aufgezeichnete Taten und Aussprüche des Propheten Muhammad ﷺ), haben wir wahre Informationen über die Geschichte und Eigenschaften dieser Wesen.

- NATUR & AUSSEHEN
- DIE BEDEUTUNG DES ENGELSGLAUBENS IM ISLAM
- ENGEL, DIE IN ISLAMISCHEN REFERENZEN ERWÄHNT WERDEN

Jibrael, Mikael, Israfeel, Izrael

Munkar Nakeer

Hafaza

Kiraman Katibin

Malik Ridwan

Hamalat Al-Arsh

- FAKTEN ZUM MERKEN

NATUR & AUSSEHEN

Engel, 'Malaikah' auf Arabisch, sind eine Schöpfung Allahs (s.w.t.) und bestehen aus "Noor (Licht)". Sie wurden vor den Menschen erschaffen und folgen immer den Befehlen Allahs (s.w.t.). Allah (s.a.w.t.) braucht diese Geschöpfe nicht, aber das Wissen und der Glaube an sie verstärkt die Ehrfurcht, die man Gott gegenüber empfindet; denn in der Tat ist die Großartigkeit Seiner Schöpfung ein Beweis für die Großartigkeit des Schöpfers. Engel sind von Natur aus gehorsame Geschöpfe, da sie nicht davon abweichen, Gottes Anweisungen zu gehorchen; sie haben keinen freien Willen und sind daher frei von allen Sünden. Es gibt kein Konzept von "gefallenen Engeln" im Islam, da sie niemals Allahs Anweisung ungehorsam sind. Sie sind weder Gottes Mitarbeiter, die verschiedene Bezirke des Universums leiten, noch Objekte, die man anbeten oder zu denen man beten sollte. Sie alle unterwerfen sich Allah (s.w.t.) und führen seine Befehle sowohl in der unsichtbaren als auch in der physischen Welt aus. Sie haben auch keine Familien und brauchen nicht zu schlafen, zu essen oder zu trinken.

Der Qur'an sagt:

" Und was an Geschöpfen in den Himmeln und auf Erden ist, wirft sich vor Allah in Anbetung nieder; genauso die Engel, und sie betragen sich nicht hochmütig." (Surah An-Nahl, V:49)

"gewaltige Engel gesetzt sind, die Allah nicht ungehorsam sind in dem, was Er ihnen befiehlt, und die alles vollbringen, was ihnen befohlen wird."
(Surah At-Tahrim, V:6)

Die Engel lieben die Gläubigen und die, die gute Taten tun, und bitten Allah, ihnen ihre Sünden zu vergeben. Sie werden nicht langweilig oder müde, Allah (s.w.t.) zu verehren:

"Sie verherrlichen (ihn) bei Nacht und Tag; (und) sie lassen (darin) nicht nach." (Suran Al-Anbya, V:20)

Koran und Hadithe berichten uns über mehrere Fakten und die einzigartige Erscheinung der Engel. Sie haben als Gesandte des Gottes gehandelt und mit den verschiedenen Propheten Allahs in menschlicher Form kommuniziert.

"Alles Lob gebührt Allah, dem Schöpfer der Himmel und der Erde, Der die Engel, mit je zwei, drei und vier Flügeln, zu Boten gemacht hat. Er fügt der Schöpfung hinzu, was Ihm gefällt; Allah hat wahrlich Macht über alle Dinge." (Surah Fatir, V:1)

Einige ihrer Eigenschaften sind:

- Sie sind weder männlich noch weiblich.

- Sie können die Form von Menschen annehmen.

- Sie haben Flügel, manchmal in Paaren von zwei, drei oder vier.

- Sie sind extrem schön, bis auf den Todesengel.

Nur Gott kennt die Gesamtzahl der Engel im Universum; sieben Himmel und Erde zusammen. Aber nach einigen Hadithen können wir schätzen, dass es viele Engel gibt, die von Allah (s.w.t.) mit bestimmten Aufgaben betraut wurden. In einem Hadith über Miraj; die nächtliche Reise und den Aufstieg in den Himmel des Gesandten Allahs ﷺ, sagte der Heilige Prophet ﷺ:

"Dann wurde mir Al-Bait-al-Ma'mur (d.h. Allahs Haus) gezeigt. Ich fragte Jibrael (a.s.) darüber, und er sagte: "Das ist Al-Bait-ul-Ma'mur, wo 70.000 Engel täglich Gebete verrichten, und wenn sie es verlassen, kehren sie nie wieder dorthin zurück (sondern es kommt immer eine frische Ladung täglich hinein)." (Sahih Bukhari 3207; Sahih Muslim 164)

"Als du zu den Gläubigen sagtest: "Genügt es euch denn nicht, daß euer Herr euch mit dreitausend herniedergesandten Engeln hilft?" (Surah Al-Imran, 124)

DIE BEDEUTUNG DES ENGELSGLAUBENS IM ISLAM

"Der Gesandte glaubt an das, was ihm von seinem Herrn herabgesandt worden ist, ebenso die Gläubigen; sie alle glauben an Allah und an Seine Engel und an Seine Bücher und an Seine Gesandten. Wir machen keinen Unterschied zwischen Seinen Gesandten. Und sie sagen: "Wir hören und gehorchen. Gewähre uns Deine Vergebung, unser Herr, und zu Dir ist die Heimkehr."
(Surah Al-Baqarah, V:285)

Die Sechs Glaubenssätze des Islam sind die grundlegenden Überzeugungen, die jeder Muslim für wahr hält. Unter diesen sechs ist der Glaube an Engel, wie er im Koran und den authentischen Hadithen des Heiligen Propheten ﷺ erwähnt wird, ein unverzichtbarer Teil, der für die Vollendung des muslimischen Glaubens notwendig ist. Im Islam sind die sechs Glaubenssätze wie folgt:

- **Tawhid** - Glaube an die Einheit Allahs

- **Malaika** - Glaube an die Existenz von Engeln Allahs

- **Glaube an die heiligen Bücher Allahs**; Zabur, Thora, Evangelium und der Koran

- **Nubuwwah and Risalah** - Glaube an alle Propheten Allahs, von Prophet Adam[a.s] bis Prophet Mohammed ﷺ

- **Glaube an den Tag des Gerichts**; Es wird ein Tag kommen, an dem jeder Mensch, der jemals existiert hat, von Allah über seine Taten in seinem Leben auf der Erde gerichtet werden wird.

- **Glaube an Prädestination (Schicksal/Göttliche Vorsehung)** - die Vorstellung, dass Allah alles weiß

ENGEL, DIE IN ISLAMISCHEN REFERENZEN ERWÄHNT WERDEN

Mehrere Engel werden im Koran und in den Hadithen namentlich erwähnt, mit einer Beschreibung ihrer Aufgaben:

JIBRAEL^(A.S) (GABRIEL)

Jibrael(a.s) ist der Engel, der für die Übermittlung von Allahs Worten an Seine Propheten zuständig ist. Im Islam ist der Engel Jibrael(a.s) der Überbringer der guten Nachricht. Er wird sowohl im Koran als auch in den Hadithen erwähnt. Er offenbarte Allahs Worte in Form des Korans dem Propheten Muhammad ﷺ. Deshalb ist er auch als Engel der Offenbarung bekannt. Andere Namen für Jibrael(a.s), die im Koran erwähnt werden, sind Al-Ruh (Geist) und Al-Ruh-al-Ameen (vertrauenswürdiger Geist).

"Sprich: 'Wer auch immer Gabriel zum Feind nimmt, so hat er ihn (den Quran) doch mit Ermächtigung Allahs in dein Herz herabgesandt als Bestätigung dessen, was vor ihm war, und als Rechtleitung und frohe Botschaft für die Gläubigen.'."
(Surah al Baqara, V:97)

Der Engel Jibrael(a.s) erschien auch Bibi Maryam(a.s) (die im Christentum als Maria bekannt ist). Sie war die Mutter des Propheten Isa(a.s) (im Christentum als Jesus bekannt) und gilt im Koran als die am meisten respektierte Frau, über allen anderen Frauen.

"Und der die ihre Keuschheit wahrte, hauchten Wir von Unserem Geist ein und machten sie und ihren Sohn zu einem Zeichen für die Welten."
(Surah Al-Anbya, V:91)

Es wird in vielen Hadithen überliefert, dass Jibrael(a.s) den Heiligen Propheten (s.a.w.w) in Anwesenheit seiner Gefährten besuchte, in Form eines Mannes in weißer Kleidung und sehr schwarzen Haaren. Es wird auch in einem Hadith überliefert, dass der Prophet Muhammad (ﷺ) Jibrael(a.s) zweimal in seiner (ursprünglichen) Form sah, und er hatte sechshundert Flügel. (Sahih Muslim 174c)

MIKAEEL^(A.S) (MICHAEL)

Mikaeel[(a.s)] ist für die Verteilung von Regen und Nahrung zuständig, wo immer Allah[(S.W.T)] es wünscht. Er wird im Koran einmal erwähnt:

"Wer auch immer zum Feind wurde gegen Allah und Seine Engel und Seine Gesandten und Gabriel und Michael, so ist wahrlich Allah den Ungläubigen ein Feind."
(Surah al Baqara, 98)

Die Gefährten[(r.a)] des Gesandten Allahs ﷺ haben Mikaeel[(a.s)] in menschlicher Gestalt in der Schlacht von Uhud gesehen. Es wird überliefert, dass:

Sa'ad[(r.a)] berichtete, dass ich am Tag von Uhud rechts und links neben dem Gesandten Allahs ﷺ zwei Personen sah, die mit weißen Kleidern bekleidet waren und die ich weder vorher noch nachher gesehen habe, und sie waren Jibrael und Mikaeel (Allah sei mit beiden zufrieden). (Sahih Muslim 2306a)

ISRAFEEL^(A.S) (RAPHAEL)

Nach dem Tod, so glauben die Muslime, geht die Seele in das Barzakh ein, einen Wartezustand bis zum Tag des Gerichts. Muslime betrachten das Leben auf der Erde als eine Prüfung von Allah[(S.W.T)] und ihre Taten werden am Tag des Gerichts gewogen werden. An diesem Tag wird das ganze Universum zerstört, und dann werden alle Wesen zum Gericht von Allah[(S.W.T)] wieder auferweckt. Israfeel[(a.s)] ist der Engel, der damit beauftragt ist, die Trompete am Tag des Gerichts zu blasen. Die Trompete wird zu zwei verschiedenen Anlässen geblasen werden, um den Beginn des Jüngsten Tages zu signalisieren. Beim ersten Blasen wird die gesamte Schöpfung sterben, mit Ausnahme derer, die Allah verschont, und beim zweiten Blasen werden sie von den Toten auferweckt werden. Obwohl der Name Israfeel im Koran nicht vorkommt, wird immer wieder von einem namenlosen Trompetenengel gesprochen, von dem angenommen wird, dass er diese Gestalt identifiziert. Allah[(S.W.T)] offenbarte diese Ereignisse im Koran als:

"Und an dem Tage, wenn in den Sur gestoßen wird, hat jeder mit dem Schrecken zu kämpfen, der in den Himmeln und der auf Erden ist, ausgenommen der, den Allah will. Und alle sollen demütig zu Ihm kommen." (Surah al Naml, V:87)

"Und in den, Sur wird gestoßen, und siehe, sie eilen aus ihren Gräbern zu ihrem Herrn hervor."
(Surah Al-Yasin, V:51)

"An jenem Tage werden sie dem Rufe folgen, der keine Abweichung kennt; alle Stimmen werden vor dem Allerbarmer gesenkt sein, und du wirst nichts als Flüstern hören."
(Surah Al-Ta-ha, V:108)

"Darum wende dich von ihnen ab. Am Tage, an dem der Rufer (sie) zu schlimmem Geschehen rufen wird werden sie mit niedergeschlagenen Blicken aus den Gräbern hervorkommen, als wären sie weithin zerstreute Heuschrecken (und) hasten dem Rufer entgegen. Die Ungläubigen werden sagen: 'Das ist ein schrecklicher Tag.'" (Surah Al-Qamar, V:6-8)

IZRAEL^(A.S) (AZRAEL)

Izrael(a.s) ist derjenige, der die Seelen mit dem Befehl Allahs(S.W.T) nimmt. Er wird im Koran und in den Hadithen als "Engel des Todes" erwähnt.

"Sprich: 'Der Engel des Todes, der über euch eingesetzt wurde wird euch abberufen; dann werdet ihr zu eurem Herrn zurückgebracht.'"(Surah al Sajda, V:11)
"wenn der Tod an einen von euch herantritt, Unsere Boten seine Seele dahinnehmen; und sie vernachläßigen nichts." (Surah al An'am, V:61)
Es wird überliefert, dass der Gesandte Allahs ﷺ sagte:

"Aus dem Volk, das eurer Generation vorausging, gab es einen Mann, den der Engel des Todes besuchte, um seine Seele einzufangen. (Also wurde seine Seele eingefangen) und er wurde gefragt, ob er irgendeine gute Tat getan hätte.' Er antwortete: 'Ich erinnere mich nicht an eine gute Tat.' Er wurde gebeten, darüber nachzudenken. Er sagte: 'Ich erinnere mich nicht, außer dass ich mit den Menschen in der Welt zu handeln pflegte und ich pflegte den Reichen einen Aufschub zu geben und den Armen (unter meinen Schuldnern) zu vergeben. So ließ Allah ihn ins Paradies eingehen." (Sahih Bukhari Hadith No. 3451)

KIRAMAN KATIBIN

Dies sind die von Allah(S.W.T.) eingesetzten Engel, die die guten und schlechten Taten eines jeden aufzeichnen. Raqeeb ist der Engel, der auf der rechten Schulter sitzt, um gute Taten aufzuzeichnen, und Atid ist der Engel, der auf der linken Schulter sitzt, um schlechte Taten aufzuzeichnen.

"Wenn die zwei aufnehmenden (Engel etwas) niederschreiben, zur Rechten und zur Linken sitzend spricht er kein Wort aus, ohne daß neben ihm ein Aufpasser wäre, der stets bereit (ist, es aufzuzeichnen)" (Surah Qaf, V:17-18)

"Seht aber, wie ihr das Gericht leugnet! Und über euch sind wahrlich Hüteredle Schreibende die wissen, was ihr tut." (Surah Al-Infitar, V:9-12)

"Und Er ist es, der alle Macht über seine Diener hat, und Er sendet über euch Wächter," (Surah Al-An'am, V:61)

Sie zeichnen jede Einzelheit aus dem Leben der Person auf, der Allah(S.W.T.) sie zugewiesen hat; jeden Gedanken und jedes Gefühl im Kopf der Person, jedes Wort, das die Person mitteilt, und jede Handlung, die die Person tut. Am Tag des Jüngsten Gerichts wird Kiraman Katibin die Aufzeichnungen der Person Allah vorlegen. Ob Allah eine Person für die Ewigkeit in den Himmel oder in die Hölle schickt, wird dann davon abhängen, was die Aufzeichnungen zeigen würden; was sie während ihres irdischen Lebens gedacht, kommuniziert und getan hat. Wahrlich, Allah(S.W.T.) ist der Barmherzigste.

MUNKAR & NAKEER

Nach dem Tod werden zwei Engel die Seelen im Grab über ihren Glauben und ihre Taten befragen. Abu Huraira (r.a.) berichtete, dass der Gesandte Allahs ﷺ sagte,

"Wenn der Tote begraben ist, kommen zwei schwarz-blaue Engel, einer namens al-Munkar und der andere an-Nakeer, zu ihm und fragen ihn, welche Meinung er über diesen Mann (den Propheten Muhammad ﷺ) hatte. Wenn er ein Gläubiger ist, antwortet er: "Er ist der Diener und Gesandte Allahs. Ich bezeuge, dass es keinen Gott außer Allah gibt und dass Muhammad ﷺ Sein Diener und Gesandter ist.' Sie sagen, dass sie wussten, dass er dies sagen würde. Dann wird ein Raum von 4900 Quadratkuben (eine Elle ist der Abstand zwischen dem Ellenbogen und der Spitze des Mittelfingers) für ihn in seinem Grab gemacht, es wird für ihn beleuchtet, und man sagt ihm, er solle schlafen. Er wird dann den Wunsch äußern, zu seiner Familie zurückzukehren, um es ihnen mitzuteilen, aber es wird ihm gesagt, er solle schlafen wie ein frisch Verheirateter, der nur von dem Mitglied seiner Familie geweckt wird, das ihm am nächsten steht, bis Allah ihn von dieser Ruhestätte auferweckt. (Mishkat al-Masabih 130)

MALIK & RIDWAN

Malik ist ein Engel, der der Torwächter der Hölle ist. Es wird im Hadith überliefert, dass der Heilige Prophet ﷺ ihn in der Nacht des Mai'raj (der Reise des Propheten(a.s) von Mekka in den Himmel) gesehen hat. Ähnlich ist Ridwan der Engel, der als Wächter des Himmels dient.

"O ihr, die ihr glaubt, rettet euch und die Euren vor einem Feuer, dessen Brennstoff Menschen und Steine sind, worüber strenge, gewaltige Engel gesetzt sind, die Allah nicht ungehorsam sind in dem, was Er ihnen befiehlt, und die alles vollbringen, was ihnen befohlen wird." (Surah Tahrim, V:6)

HAFAZA (DIE SCHUTZENGEL)

Diese Engel schützen den Menschen vor dem Schaden der bösen Dschinn oder Shayateen. Jedem Menschen sind vier Hafaza-Engel zugeordnet, von denen zwei am Tag und zwei in der Nacht Wache halten.

"Er (der Gesandte) hat Beschützer vor und hinter sich; sie behüten ihn auf Allahs Geheiß."
(Surah Ar-Ra'd, V:11)

Allah(S.W.T.) kann Schutzengel schicken, um die Menschen vor jeder Art von Schaden zu bewahren: physisch, mental, emotional oder spirituell. Indem sie also diesen Vers aus dem Koran rezitieren, erinnern sich die Muslime daran, dass sie unter der schützenden Obhut mächtiger Engel stehen, die sie nach Gottes Willen vor körperlichem Schaden wie Krankheiten oder Verletzungen, geistigem und emotionalem Schaden wie Angst und Depression und spirituellem Schaden, der aus der Präsenz des Bösen in ihrem Leben resultieren kann, bewahren können.

Ibn Mas'ud(r.a.) berichtete, dass der Gesandte Gottes ﷺ sagte: "Es gibt keinen von euch, dem nicht ein Partner aus den Dschinn und ein Partner aus den Engeln zur Seite gestellt wird." Die Zuhörer fragten:

Gilt das auch für dich, Gesandter Gottes?" Er antwortete: "Es gilt auch für mich, aber Gott hat mir gegen ihn geholfen, und er hat den Islam angenommen, so dass er mir befiehlt, nur das zu tun, was gut ist."
(Mishkat al-Masabih 67)

Ein Mann sagte zu 'Ali ibn Abi Talib(a.s): "Eine Gruppe aus (dem Stamm) Murad wollte dich töten." Ali (a.s) sagte: "Bei jedem Menschen gibt es zwei Engel, die ihn vor allem schützen, was nicht verordnet ist; wenn das Dekret kommt, ziehen sie sich zurück und stehen nicht zwischen ihm und ihm. Die verordnete Lebensspanne eines Menschen ist sein Schutz."

HAMALAT AL-ARSH

Sie sind die Engel, die den Arsh (Thron) Allahs(S.W.T.) tragen, wie im Koran und den Hadithen erwähnt.

"Und der Himmel wird sich spalten; denn an jenem Tage wird er brüchig sein Und die Engel werden an seinen Rändern stehen, und acht (Engel) werden an jenem Tage den Thron deines Herrn über sich tragen. An jenem Tage werdet ihr (Allah) vorstellig sein - keines eurer Geheimnisse wird verborgen bleiben."
(Surah Al-Haqqah, V:16-18)

Diese Engel lieben die Gläubigen und suchen Barmherzigkeit und Vergebung für sie.

" Die, die den Thron tragen, und die, die ihn umringen, preisen das Lob ihres Herrn und glauben an Ihn und erbitten Vergebung für jene, die gläubig sind: 'Unser Herr, Du umfaßt alle Dinge mit Barmherzigkeit und Wissen. Vergib darum denen, die bereuen und Deinem Weg folgen; und bewahre sie vor der Strafe der Gahim Unser Herr, und laß sie eintreten in das Paradies von Eden, das Du ihnen verheißen hast, wie auch jenen ihrer Väter und ihrer Frauen und ihrer Kinder, die rechtschaffen sind. Gewiß, Du bist der Erhabene, der Allweise. Und bewahre sie vor dem Übel; denn wen Du an jenem Tage vor Übel bewahrst ihm hast Du wahrlich Barmherzigkeit erwiesen. Und das ist der gewaltige Gewinn.'"
(Surah Ghafir, V:7-9)

Der Heilige Prophet ﷺ beschrieb die Unermesslichkeit eines dieser Engel in einem Hadith mit den Worten, "Mir wurde erlaubt, von einem der Engel Allahs, der den Thron trägt, zu erzählen, dass die Entfernung zwischen seinem Ohrläppchen und seiner Schulter eine Reise von siebenhundert Jahren ist."
(Sunan Abi Dawud)

FAKTEN ZUM MERKEN

- Man würde die Größe Allahs (s.w.t.), Seine Macht und Fähigkeit und Sein allumfassendes Wissen, aus der Größe Seiner Schöpfung verstehen, die ein Beweis ist, der die Größe des Schöpfers bestätigt.

- Engel sind für den einzigen Zweck geschaffen, Allah (s.w.t.) zu dienen und aus "Noor (Licht)" gemacht. Sie gehören zu einer Existenzebene jenseits der wahrnehmbaren Welt der Erscheinungen, die "Alam al-ghayb (die verborgene Welt)" genannt wird. Sie können fast jede Form annehmen, die dem menschlichen Auge real erscheint.

- Der Koran erwähnt zwar, dass Engel Flügel haben, aber Muslime spekulieren nicht darüber, wie sie genau aussehen. Wir finden es zum Beispiel unpassend, Bilder von Engeln als Putten zu machen, die in Wolken sitzen.

- Wenn ein Muslim weiß, dass es Engel gibt, die alles aufzeichnen, was er/sie sagt und tut, und dass alles, was er/sie tut, entweder für ihn/sie oder gegen ihn/sie gehalten wird, wird er/sie darauf bedacht sein, rechtschaffene Taten zu vollbringen und sich von Sünden fernzuhalten, egal ob er/sie allein oder in der Öffentlichkeit ist.

- Man würde sich davor schützen, an Aberglauben und Fabeln zu glauben.

- Man würde die Barmherzigkeit erkennen, die Allah (S.W.T.) Seinen Sklaven erweist; denn Allah hat jedem Menschen Engel zugeteilt, die ihn vor Bösem bewahren und sich um seine Angelegenheiten kümmern.

- NATUR & HERKUNFT
- AUSSEHEN & WOHNORT
- IHRE SPEZIELLE NAHRUNG
- MENSCH-DSCHINN-INTERAKTIONEN, DIE IM KORAN UND IN DEN HADITHEN ERWÄHNT WERDEN
- IBLESS / SATAN UND BÖSE DSCHINN
- ABSICHT & FALLE DES SATANS
- GEMEINSAME TÄUSCHUNGEN DES SATANS
- UNS VOR DER TÄUSCHUNG DURCH DEN SATAN SCHÜTZEN

NATUR & HERKUNFT

Dschinn ist ein arabisches Kollektivnomen; dessen primäre Bedeutung ist "sich verstecken" oder "sich anpassen". Einige Autoren interpretieren das Wort so, dass es wörtlich "Wesen, die vor den Sinnen verborgen sind" bedeutet. Wie die Engel sind auch die Dschinn unsichtbare Wesen, und im Allgemeinen haben die Menschen nicht die Fähigkeit, sie zu sehen; sie sind also für das bloße Auge unsichtbar. Diese übernatürlichen Schöpfungen können nur von Propheten und reinen Sklaven Allahs (s.w.t.) gesehen werden. Aber Engel werden Allah niemals ungehorsam sein; sie haben keinen freien Willen. Die Dschinn leben jedoch wie die Menschen auf der Erde. Unter ihnen gibt es Gläubige und Ungläubige. Da sie einen freien Willen haben, werden sie wie die Menschen für gute und schlechte Taten zur Rechenschaft gezogen.

Allah[(S.W.T.)] sagt im Koran,
" Und Ich habe die Ginn und die Menschen nur darum erschaffen, damit sie Mir dienen (sollen)."
(Surah Al-Dhariyat, V:56)

Die Erschaffung der Dschinn wird im Koran in den folgenden Versen erwähnt, Allah[(S.W.T.)] sagt,
" Und wahrlich, Wir haben den Menschen erschaffen aus trockenem, tönendem Lehm, aus schwarzem, zu Gestalt gebildetem Schlamm. Und die Ginn erschufen Wir zuvor aus dem Feuer der sengenden Glut."
(Surah Al-Hijr, V:26-27)

Der Heilige Prophet ﷺ sagte auch: "Die Engel wurden aus Licht und die Dschinn aus rauchlosem Feuer erschaffen. Und Adam[(a.s)] wurde so geboren, wie er (im Koran) für euch definiert wurde (d. h. er ist aus Lehm geformt)." (Sahih Muslim; 2996)

Vor der Erschaffung des Propheten Adam[(a.s)] waren die Dschinns die erste Schöpfung, die auf dem Planeten Erde wohnte, aber zu Blutvergießen und Auseinandersetzungen führte. Abdullah Ibn Umar[(r.a.)] sagt folgendes:

"Dschinn, die Söhne Jaanns genannt wurden, waren zweitausend Jahre vor der Erschaffung des Propheten Adam[(a.s)] auf der Welt. Allah schickte eine Armee, bestehend aus Engeln, gegen sie, weil sie Unfug und Chaos in der Welt verursachten, Blut vergossen und Morde begingen. Diese Unheilstifter, die von Engeln bestraft wurden, retteten ihr Leben, indem sie auf den Inseln im Meer Zuflucht suchten."

AUSSEHEN & WOHNORT

Das Leben der Dschinn ist dem der Menschen sehr ähnlich; sie essen, trinken, heiraten und haben Familien. Sie werden in einer Form erschaffen, die verschiedene Gestalten annehmen kann.

Der Gesandte Allahs ﷺ sagte: "Die Dschinn sind von dreierlei Art: eine Art, die Flügel hat und durch die Luft fliegt; eine Art, die wie Schlangen und Hunde aussieht; und eine Art, die eine Pause einlegt und dann ihre Reise fortsetzt." (Al-Tabaraani in al-Kabeer, 22/214)

Wie in diesem Hadith erwähnt, erfuhren wir, dass einige Dschinn Flügel haben und durch die Luft fliegen können, einige sind kriechend, wie Schlange oder Skorpion, und einige haben keinen festen Wohnsitz und ziehen ständig von einem Ort zum anderen. Muslimische Gelehrte beschrieben, dass die Orte, an denen sich die Dschinn gewöhnlich aufhalten, sind: die Dörfer, die Berge und die Bucht. Und die üblichen Orte, die von ihnen besucht und manchmal als Wohnsitz genutzt werden, sind Toilette, Meer, Markt, Dächer, Mülldeponien und Gräber. Abgesehen von diesen Orten mögen sie auch ruhige Gegenden, wie Täler, Wüsten und felsige Berge.

Der Gesandte Allahs ﷺ sagte: Diese Aborte werden von den Dschinns und Teufeln frequentiert. Wenn also jemand von euch dorthin geht, soll er sagen: "Ich suche Zuflucht bei Allah vor männlichen und weiblichen Teufeln." (Sunan Abi Dawud 6)

IHRE SPEZIELLE NAHRUNG

Die Dschinn und ihre Tierwelt haben einzigartige Nahrungsmittel, und die Reste der Nahrung der Menschen sind für sie essbar. Ein Gespräch zwischen dem Heiligen Propheten ﷺ und einigen Dschinn gibt uns eine Vorstellung davon,

Eine Abordnung der Dschinn kam zum Propheten ﷺ und sagte: "O Prophet Muhammad ﷺ, verbiete deiner Gemeinde, sich mit einem Knochen oder Dung oder Holzkohle zu reinigen, denn in ihnen hat Allah(S.W.T.) Nahrung für uns bereitgestellt." So verbot der Prophet ﷺ den Menschen, dies zu tun. (Sunan Abi Dawud 39)

"Sie (die Dschinn) fragten ihn (den Heiligen Propheten ﷺ) nach ihrer Versorgung, und er sagte: 'Jeder Knochen, auf dem der Name Allahs rezitiert wird, ist eure Versorgung. Wenn er in eure Hand fällt, wird er mit Fleisch bedeckt sein, und der Dung (der Kamele) ist Futter für eure Tiere.' Der Gesandte Allahs ﷺ sagte (zu den Gefährten): 'Verrichtet keine istinja (Reinigung) mit diesen (Dingen), denn diese sind die Nahrung eurer Brüder (Dschinn).' (Sahih Muslim 450a)

MENSCH-DSCHINN-INTERAKTIONEN, DIE IM KORAN UND IN DEN HADITHEN ERWÄHNT WERDEN

Da die Existenz von Dschinns durch den Koran und die Hadithe eindeutig belegt ist, schadet es dem islamischen Glauben, sie zu leugnen. Dschinn werden im Qur'an mehrmals erwähnt; tatsächlich gibt es darin ein ganzes Kapitel mit dem Namen "Al-Jinn; Chapter/Surah 72".

Wie im Koran offenbart, müssen auch die Dschinn Allah[(S.W.T.)] wie die Menschen anbeten, um am Tag des Jüngsten Gerichts gerettet zu werden. Ihr Lebenszweck unterscheidet sich nicht sehr von dem der Menschen, denn Allah[(S.W.T.)] hat ihnen befohlen, die gleichen guten Werke zu tun wie die Menschen und sie sollen Allah[(S.W.T.)] dem Allmächtigen, gehorchen und ihn anbeten. Wie bei den Menschen gibt es zwei größere Kategorien, Muslime und Nicht-Muslime; ähnlich gibt es unter den Dschinn die gleichen zwei Hauptabteilungen (Muslime und Nicht-Muslime). Auch nicht-muslimische Dschinn können Muslime werden, wenn sie sich von der islamischen Religion inspirieren lassen. Die Kette der Propheten und Gesandten Allahs[(S.W.T.)] hat auch die Dschinn zur Anbetung des Einen und einzigen Gottes, Allahs des Allmächtigen, geführt.

DAS KÖNIGREICH DES PROPHETEN SULAIMAN[(A.S)]

Unter den früheren Religionen ist die herausragende Interaktion von Menschen und Dschinn, die im Qur'an beschrieben wird, in der Ära des Propheten Sulaiman[(a.s)]. Prophet Dawud[(a.s)] war ein weiser König, und als er verstarb, wurde sein Sohn, Prophet Sulaiman (a.s), König. Er bat Allah[(S.W.T.)] um ein so großes und mächtiges Königreich, wie es keiner nach ihm haben würde, und Allah erfüllte seinen Wunsch. Außer mit Weisheit hatte Allah Sulaiman[(a.s)] mit vielen Wundern gesegnet. Er konnte die Winde kontrollieren, und indem er diese Autorität nutzte, konnte er leicht unendliche Entfernungen innerhalb einer kurzen Zeitspanne zurücklegen. Ihm wurde das Wissen gegeben, Vögel und Tiere zu verstehen und mit ihnen zu sprechen. Auch die Dschinn standen unter dem Befehl von Sulaiman[(a.s)]. Er war der einzige Mensch, dem

Allah die Macht gegeben hatte, die Dschinn zu kontrollieren. Er konnte ihnen befehlen und sie für seinen Dienst nutzen und sie sogar für Ungehorsam leiden lassen.

Eines Tages hatte Sulaiman[(a.s)] seine Armee versammelt, bestehend aus Menschen, Tieren, Vögeln, Dschinn und natürlich dem Wind. Die scharfen Augen von Sulaiman[(a.s)] bemerkten die Abwesenheit eines einzigen Wiedehopf-Vogels (hud-hud) in der riesigen Versammlung. Er beschloss, den Vogel streng zu bestrafen oder ihm die Todesstrafe aufzuerlegen, aber er gab dem Vogel eine Chance, den Grund für seine Abwesenheit zu erklären. Er sandte Signale im ganzen Königreich aus, um ihn zu rufen, aber er war nirgends zu finden.

Schließlich kam der Wiedehopf zu Sulaiman[(a.s)] und erklärte ihm den Grund für seine Verspätung.

""Ich habe etwas entdeckt, von dem ihr nichts wisst. Ich komme aus Saba (Sab'a) mit wichtigen Neuigkeiten." Sulaiman[(a.s)] wurde neugierig, und sein Zorn legte sich.

Der Vogel fuhr fort: "Jenseits des Wissens von Sulaiman[(a.s)] gibt es ein Königreich namens Sheba, das von einer Königin namens 'Bilqis' regiert wurde, die viele Dinge besaß, darunter einen prächtigen Thron. Aber trotz all dieses Reichtums ist der Satan in ihr Herz und in die Herzen ihres Volkes eingedrungen. Sie beherrscht ihren Verstand vollständig. Es schockierte mich zu erfahren, dass sie die Sonne anbeten statt Allah, den Allmächtigen."

Um die Informationen des Wiedehopfs zu überprüfen, schickte Sulaiman[(a.s)] mit dem Vogel einen Brief an die Königin und wartete auf die Antwort. Er wies den Vogel an, versteckt zu bleiben und alles zu beobachten.

Nachdem sie seinen Brief gelesen hatte, schickte sie ihre hohen Beamten in das Königreich des Propheten Sulaiman[(a.s)]. Sie kehrten zurück und beschrieben ihrer Königin die Massivität seiner Armee. Anstatt Anstoß zu nehmen, beschloss sie, Prophet Sulaiman[(a.s)] zu besuchen. Begleitet von ihren königlichen Beamten und Dienern verließ sie Saba und schickte einen Boten voraus, um Sulaiman[(a.s)] zu informieren, dass sie auf dem Weg zu ihm war.

Sulaiman[(a.s)] fragte die Dschinn in seinem Dienst, ob jemand von ihnen ihren Thron in seinen Palast bringen könnte, bevor sie ankommt.

Einer von ihnen sagte: "Ich werde es dir bringen, bevor diese Sitzung zu Ende ist."

Sulaiman(a.s) reagierte nicht auf dieses Angebot; es schien, dass er auf ein schnelleres Mittel wartete. Die Dschinn konkurrierten miteinander, um ihm zu gefallen.

Einer von ihnen, namens 'Ifrit', sagte: "Ich werde es im Handumdrehen für dich holen!"

Kaum hatte dieser - der das Wissen des Buches hatte - seinen Satz beendet, stand der Thron vor Sulaiman(a.s). Die Mission war in der Tat in einem Wimpernschlag vollendet worden. Der Thron des Propheten Sulaiman(a.s) befand sich in Palästina, und der Thron von Bilqis war im Jemen gewesen, zweitausend Meilen entfernt. Dies war ein großes Wunder, das von einem der Gläubigen vollbracht wurde, der bei Prophet Sulaiman(a.s) saß.

PROPHET MUHAMMADﷺ UND DIE GEMEINSCHAFT DER DSCHINN

Vor dem Aufkommen des Islam hatten die bösen Dschinn (Satan) die Macht, zu reisen und jede wichtige Nachricht von den Engeln des sichtbaren Himmels dieser Welt zu belauschen. Sie schaffen es, sie zu belauschen und tragen sie zu ihren Freunden. Und wenn die Engel die Dschinn sehen, greifen sie sie mit Meteoren an. Dann erzählen sie, was sie gehört haben, und legieren es mit Lügen und fügen es hinzu. Aber nach der Geburt des Propheten Muhammad ﷺ und der Ausbreitung des Islams konnten die Dschinn keine winzige Einzelheit der Nachrichten vom Himmel hören. Die Engel des Himmels begannen, sie mit Meteoriten zu bombardieren, wenn sie zum Schleichen kamen. Ein Gefährte, Ibn Abbas(r.a), überlieferte einen Hadith, der dieses Ereignis und die Offenbarung der Surah Dschinn beschreibt:

Der Gesandte Allahs ﷺ ging zusammen mit einer Gruppe seiner Gefährten in Richtung Ukaz-Markt hinaus. Zu dieser Zeit trat etwas zwischen die Teufel und die Nachricht vom Himmel, und Flammen wurden auf sie herabgesandt, so dass die Teufel zurückkehrten. Ihre Mit-Teufel sagten: "Was ist mit euch los? "Sie sagten: "Etwas hat sich zwischen uns und die Nachricht vom Himmel geschoben, und Feuer (Flammen) wurden auf uns geschossen." Ihre Teufelsbrüder sagten: "Nichts hat sich zwischen euch und die Nachricht des Himmels geschoben, aber ein wichtiges Ereignis ist geschehen. Deshalb reist in die ganze Welt, nach Osten und Westen, und versucht herauszufinden, was geschehen ist." Und so machten sie sich auf den Weg und reisten durch die ganze Welt, nach Osten und nach Westen, und suchten nach dem, was zwischen ihnen und der Nachricht vom Himmel stand. Diejenigen von den Teufeln, die sich in Richtung Tihama aufgemacht hatten, gingen zum Gesandten Allahs (ﷺ) nach Nakhla (ein Ort zwischen Makkah und Taif), während er auf dem Weg zum Markt von Ukaz war. (Sie trafen ihn), während er mit seinen Gefährten das Fajr-Gebet verrichtete. Als sie hörten, wie der Heilige Qur'an (vom Gesandten Allahs ﷺ) rezitiert wurde, hörten sie ihm zu und sagten (zueinander). Das ist das, was zwischen euch und den Nachrichten aus dem Jenseits steht." Dann kehrten sie zu ihrem Volk zurück und sagten: "O unser Volk! Wir haben wirklich eine wunderbare Rezitation (Koran) gehört. Er gibt Rechtleitung, und wir haben daran geglaubt. Wir werden uns nicht mit unserem Herrn zusammenschließen, um ihn anzubeten." Dann offenbarte Allah(S.W.T.) Seinem Propheten ﷺ (d.h. Surah al-Dschinn). (Bukhari 4921)

Zu dieser Zeit offenbarte Allah (S.W.T.) die folgenden Verse der Surah Dschinn,

"Sprich: "Es wurde mir offenbart, daß eine Schar der Ginn zuhörte und dann sagte: "Wahrlich, wir haben einen wunderbaren Quran gehört der zur Rechtschaffenheit leitet; so haben wir an ihn geglaubt, und wir werden unserem Herrn nie jemanden zur Seite stellen."
[Surah Jinn; 1-2]

Es gibt einen weiteren Hadith, der uns über die Interaktionen des Gesandten Allahs ﷺ mit der Gemeinschaft der Dschinn und die Verkündigung des Islam an sie berichtet,

Ibn Masood(r.a.) erzählte, dass wir eines Nachts in der Gesellschaft des Gesandten Allahs ﷺ waren und wir ihn vermissten. Wir suchten in den Tälern und auf den Hügeln nach ihm und sagten: "Er ist entweder weggebracht worden (von Dschinn) oder er wurde heimlich getötet." Er (der Erzähler) sagte: "Wir verbrachten die schlimmste Nacht, die ein Mensch je verbringen kann. Als es dämmerte, sahen wir ihn von der Seite des Hiri' kommen." Er (der Überlieferer) berichtete: "Wir sagten: 'Gesandter Allahs, wir vermissten dich und suchten nach dir, aber wir konnten dich nicht finden und verbrachten die schlimmste Nacht, die Menschen je verbringen konnten.' Er (der Heilige Prophet ﷺ) sagte: "Da kam ein Einladender im Namen der Dschinn zu mir, und ich ging mit ihm und rezitierte ihnen den Qur'an." Er (der Erzähler) sagte: "Dann ging er mit uns und zeigte uns ihre Spuren und die Spuren ihrer Glut. Sie (die Dschinn) fragten ihn (den Heiligen Propheten ﷺ) nach ihrer Versorgung, und er sagte: "Jeder Knochen, auf dem der Name Allahs rezitiert wird, ist eure Versorgung. Wenn er in eure Hand fällt, wird er mit Fleisch bedeckt sein, und der Dung (der Kamele) ist Futter für eure Tiere.' Der Gesandte Allahs ﷺ sagte: "Verrichte keine Istinja mit diesen (Dingen), denn diese sind die Nahrung deiner Brüder (Dschinn)." (Sahih Muslim 450a)

INTERAKTIONEN DER DSCHINN MIT ANDEREN MENSCHEN ALS DEN PROPHETEN[(A.S)]

Die Mutter der Gläubigen, Syeda Ai'sha[(R.A)] sagte: "Der Gesandte Allahs ﷺ erzählte eines Abends seinen Frauen eine Geschichte, und eine von ihnen sagte: ",,Das klingt wie eine Fabel von Khurafa!" Er sagte: "Wisst ihr, was das bedeutet? Khurafa war ein Mann aus [dem jemenitischen Stamm der] Udhra. Die Dschinn nahmen ihn in der heidnischen Ära [al-Dschahiliyya] gefangen, so dass er lange Zeit bei ihnen blieb, dann gaben sie ihn zu seinem Volk zurück. Er pflegte den Menschen von den Wundern zu erzählen, die er bei ihnen sah, so dass die Menschen sagten: "Die Fabel von Khurafa." (Ash-Shama'il Al-Muhammadiyah, 251)

Da wir Menschen Dschinns nicht sehen können, sollten wir gemäß den Lehren des Islam Schutzmaßnahmen ergreifen, um uns vor der Beeinträchtigung durch die Bösen in ihnen zu schützen.

Wie überliefert von Dschabir ibn Abdullah[(r.a.)]: Der Prophet ﷺ sagte: "Geht nicht oft hinaus, wenn die Nacht still ist. Allah hat Tiere, die er ausschickt. Wer das Bellen eines Hundes oder das Schnauben eines Esels hört, sollte bei Allah Zuflucht vor dem verfluchten Shaytan suchen. Sie sehen, was ihr nicht seht." (Al-Adab Al-Mufrad)

Abu Sa'id al-Khudri[(r.a)] erzählte: Der Gesandte Allahs ﷺ sagte: "Manche Schlangen sind Dschinn; wenn also jemand eine von ihnen in seinem Haus sieht, soll er sie dreimal warnen. Wenn sie (danach) zurückkehrt, soll er sie töten, denn sie ist ein Teufel." (Sunan Abi Dawud, 5256)

IBLESS / SATAN UND BÖSE DSCHINN

Als Allah[(S.W.T.)] beschloss, den Menschen zu erschaffen, ein Wesen, das alle Ränge an Wissen übertreffen wird als die bisherigen anderen Geschöpfe, bat Er seine Engel, Ton von der Erde zu sammeln. Die gehorsamen Engel sammelten Lehm, und Allah[(S.W.T)] machte daraus eine menschenähnliche Figur und nannte ihn Adam[(a.s.)]. Aber die Figur bewegte sich vierzig lange Jahre lang nicht. Sie stand einfach still da. Als Iblees, ein Dschinn, der damals wie ein Lehrer der Engel war, diese Figur sah, war er verwirrt und erschrocken.

Nach vierzig Jahren hauchte Allah[(S.W.T.)] Adam[(a.s.)] Geist ein. Er gab Adam[(a.s.)] ein riesiges Wissen über die Dinge, die im gesamten Universum vorhanden sind. Dann forderte Er alle Engel, einschließlich Iblees, auf, sich vor Adam[(a.s.)] niederzuwerfen als Zeichen des Respekts. Einer nach dem anderen warfen sich alle Engel vor dem Propheten nieder, außer Iblees. Die Niederwerfung bedeutet in diesem Zusammenhang nicht Anbetung, sondern einen Akt des Respekts. In einigen früheren Religionen war es erlaubt, sich aus Respekt vor den Menschen niederzuwerfen; eine ähnliche Begebenheit findet sich in Surah Yusuf[(a.s.)], wo Prophet Yaqoob[(a.s.)], seine Frau und seine elf Kinder vor Prophet Yusuf[(a.s.)] knieten.

"Und da sprachen Wir zu den Engeln: "Werft euch vor Adam nieder" und sie warfen sich nieder, außer Iblis. Er war einer der Ginn, so war er ungehorsam gegen den Befehl seines Herrn." (Surah Kahf, V:50)

Iblees sagte, er sei besser und dem Propheten überlegen, und er sei aus Feuer gemacht. Er verstand den Willen Allahs nicht und weigerte sich, Allahs Befehl zu gehorchen. Allah[(S.W.T.)] wurde zornig über diesen Ungehorsam. So verbannte er Iblees aus dem Paradies. Er war nun ein Ausgestoßener. Von diesem Tag an wurde Iblees 'der Satan/Shaitaan' genannt und wird am Tag des Jüngsten Gerichts in die Hölle geworfen werden. Shaitaan war nun wütend auf die Menschen, da er ihretwegen aus dem Paradies verbannt wurde. Er schwor, sich zu rächen, indem er die Menschen auf dem Weg Allahs in die Irre führte. Allah[(S.W.T.)] gab ihm die Zeitspanne bis zum Tag der Auferstehung und sagte, dass er einen wahren Diener Allahs nicht in die Irre führen kann. Diese ganze Erhaltung ist im Quran sehr deutlich beschrieben;

Er sprach: "O Iblis, was ist mit dir, daß du nicht unter den SichNiederwerfenden sein wolltest?"
Er sprach: "Nimmermehr werde ich mich vor einem Menschen niederwerfen, den Du aus trockenem, tönendem Lehm geschaffen hast, aus schwarzem, zu Gestalt gebildetem Schlamm."
Er sprach: "Hinaus denn von hier; denn wahrlich, du bist verflucht.

Der Fluch soll auf dir lasten bis zum Tage des Gerichts."
Er sprach: "Mein Herr, so gewähre mir einen Aufschub bis zu dem Tage, an dem sie auferweckt werden."
Er sprach: "Du bist unter denen, die Aufschub erlangen bis zur vorbestimmten Zeit."
Er sprach: "Mein Herr, da Du mich hast abirren lassen, so will ich ihnen wahrlich (das Böse) auf Erden ausschmücken, und wahrlich, ich will sie allesamt irreführen außer Deinen erwählten Dienern unter ihnen."
Er sprach: "Dies ist ein gerader Weg, den Ich (dir) gewähre. Wahrlich, du sollst keine Macht über Meine Diener haben, bis auf jene der Verführten, die dir folgen," Und wahrlich, Gahannam ist ihnen allen der verheißene Ort. Sieben Tore hat sie, und jedem Tor ist ein Teil von ihnen zugewiesen."
Wahrlich, die Gottesfürchtigen werden sich in Gärten und an Quellen befinden.
(Surah Al-Hijr, V:32-45)

ABSICHT & FALLE DES SATANS ERWÄHNT IN KORAN & HADITH

" Er sagte: "Darum, daß Du mich hast abirren lassen, will ich ihnen gewiß auf Deinem geraden Weg auflauern. Dann will ich über sie von vorne und von hinten kommen, von rechts und von links, und Du wirst die Mehrzahl von ihnen nicht dankbar finden." (Surah Al-A'raf, 16-17)

" O ihr Menschen, wahrlich, die Verheißung Allahs ist wahr, darum lasset euch nicht vom diesseitigen Leben betören, und lasset euch nicht vom Betörer über Allah betören. Wahrlich, Satan ist euer Feind; so haltet ihn für einen Feind. Er ruft seine Anhänger nur herbei, damit sie zu Bewohnern des flammenden Feuers werden." (Surah Fatir, 5-6)

Da die Verse des Korans uns vor den bösen Plänen Satans und seiner Anhänger warnen, sollten wir diese Bedrohung erkennen und uns auf die von Allah, dem Allmächtigen, und dem Gesandten Allahs ﷺ gegebene Führung zubewegen, um unseren islamischen Glauben zu retten.

Abu Dharr[R.A] erzählte:

" Ich betrat die Masjid, und der Gesandte Allahs ﷺ war dort, so kam ich und setzte mich vor ihn, und er sagte: "O Abu Dharr, suche Zuflucht bei Allah vor den Übeln der Teufel unter den Dschinn und den Menschen. Ich fragte: 'Gibt es Teufel unter den Menschen?' Er sagte: 'Ja.'" (Sunan an-Nasa'I, 5507)

Dschinn haben die Macht, uns zu sehen, aber wir (Menschen) können sie nicht sehen. Die Ungläubigen unter den Dschinn, die Anhänger oder Soldaten des Satans, versuchen uns in die Irre zu führen und versuchen, uns vom Gedenken Allahs(S.W.T.) abzubringen.

Allah(S.W.T.) hat uns dies bereits in Sura Al-Araf, Vers 27, mitgeteilt:

"O Kinder Adams, lasset Satan euch nicht verführen, (so) wie er eure Eltern aus dem Garten vertrieb und ihnen ihre Kleidung entriß, um ihnen ihre Scham zu zeigen. Wahrlich, er sieht euch, er und seine Schar, von wo ihr sie nicht seht. Denn seht, Wir haben die Satane zu Freunden derer gemacht, die nicht glauben." (Sura Al-Araf, verse 27)

Der obige Vers macht deutlich, dass Dschinn die Macht haben, Menschen zu sehen und von Menschen Besitz zu ergreifen. Der einzige Weg, uns vor bösen Wesen zu schützen, ist, auf dem Weg zu wandeln, den Allah und Sein Gesandter ﷺ uns gezeigt haben, und den Lehren des Koran, der Sunna und des Hadith zu folgen.

GEMEINSAME TÄUSCHUNGEN DES SATANS

Unglaube an das Einssein Gottes:

Die Grundlage des Islams ist der Glaube an die Tawhid, die Einheit Allahs, der keinen Partner, Gleichen, Sohn oder Rivalen hat. Umgekehrt ist die größte Sünde, Allah Partner oder Gleichgestellte zuzuschreiben, z.B. die Anbetung anderer als Allah, die Übertragung von Allahs Eigenschaften auf andere Objekte oder Wesen (z.B. Götzen/Glücksbringer), die Behauptung, dass Allah einen Sohn, eine Mutter oder irgendeinen anderen Partner hat usw. Somit ist die Verführung der Menschheit zum Schirk das Hauptanliegen Satans. Solche Überzeugungen widersprechen der Tatsache, dass Allah allein Macht und Wissen über alle Dinge hat und der Einzige ist, der Nutzen oder Schaden bringen kann.

Innovation in der Religion:

Satan wird eine Person dazu verleiten, falsche Glaubensvorstellungen und Praktiken im Islam zu erfinden, die weder von Allah(S.W.T.) noch vom Propheten Muhammad ﷺ verordnet wurden. Dies ist eine große Gefahr für den Glauben eines Muslims, da die Menschen, die Neuerungen folgen, glauben, dass ihre Handlungen akzeptiert werden, obwohl sie in Wirklichkeit eine Sünde begehen. Diese Neuerer werden kein Bedürfnis nach Reue verspüren, da sie ihr Fehlverhalten nicht erkennen.

Allah(S.W.T.) hat jedem Muslim bestimmte Handlungen zur Pflicht gemacht, von denen die regelmäßigste die fünf täglichen Gebete, d.h. der Salah, ist. Satan versucht, uns dazu zu bringen, die Gebete und andere gute Taten zu vernachlässigen und uns vom Gedenken an Allah und seinen Propheten ﷺ zu vertreiben.

" Satan will durch das Berauschende und das Losspiel nur Feindschaft und Haß zwischen euch auslösen, um euch vom Gedenken an Allah und vom Gebet abzuhalten. Werdet ihr euch denn abhalten lassen?" (Surah Al-Ma'idah, V:91)

Die allmähliche Täuschung wird auf viele Arten eingesetzt. Zum Beispiel verleitet Satan die Menschen dazu, ihre verpflichtenden religiösen Handlungen aufgeben zu wollen. Zunächst überzeugt er die Menschen, ihre optionalen gottesdienstlichen Handlungen aufzugeben, was sie dazu bringt, bei den obligatorischen faul zu werden. Er versucht auch, kleine Sünden zu trivialisieren, was sie auf eine schiefe Bahn zu großen Sünden führt.

" und Satan ließ ihnen alles, was sie taten, als wohlgetan erscheinen." (Surah An'am, 43)

Satan verleitet die Menschen zu verbotenen Handlungen anstelle von erlaubten, indem er Sünden auf attraktive Weise präsentiert, z. B. Musik gegenüber dem Koran, haram-Einkommen gegenüber halal, und den kleinen Prozentsatz an verbotenen Speisen und Getränken gegenüber der großen Mehrheit, die gesund und rein ist.

Satan spielt mit den Begierden und Versuchungen der Menschen und überredet sie, sich der sofortigen Befriedigung hinzugeben, ohne die Konsequenzen zu bedenken. Dies führt unweigerlich zu Reue und Demütigung, entweder in diesem Leben oder am Tag des Gerichts.

"Und wer sich Satan statt Allah zum Beschützer nimmt, der hat sicherlich einen offenkundigen Verlust erlitten er macht ihnen Versprechungen und erweckt Wünsche in ihnen, und was Satan ihnen verspricht, ist Trug." (Surah An-Nisa, V:119-120)

Es gibt Rechte für jeden Muslim, die er anderen Gläubigen und der Menschheit schuldet, und es gibt Rechte einer jeden Seele gegenüber einer anderen. Satan hat uns auch oft dazu gebracht, die Wichtigkeit dieser Rechte zu übersehen und uns das Gefühl zu geben, dass, da wir unsere Gebete usw. regelmäßig verrichten, alles gut für uns bleiben wird; dabei vernachlässigen wir die Pflicht, freundlich zu unseren

Eltern zu sein, unseren Nachbarn, Armen und Waisen zu helfen, die Kranken zu besuchen, niemanden durch unsere Worte oder Taten zu verletzen usw.

Einmal wurde Prophet Muhammad ﷺ gefragt: "O Gesandter Allahs! Eine gewisse Frau betet in der Nacht, fastet am Tag, verrichtet fromme Handlungen und gibt Almosen, aber sie verletzt und verletzt ihre Nachbarn mit ihrer Zunge." Der Gesandte Allahs ﷺ sagte: "Es ist nichts Gutes in ihr. Sie wird ins Feuer gehen." Die Sahaba sagten: "Eine andere Frau betet nur die vorgeschriebenen Gebete und gibt sehr wenig als Almosen und verletzt niemanden. Ihre Nachbarn sind mit ihrem Verhalten zufrieden." Der Gesandte Allahs ﷺ sagte: "Sie gehört zu den Menschen des Paradieses." [Bukhari in Al-Adabul Mufrad]

Möge Allah(S.W.T.) uns leiten, die Bedeutung von Haqooq-ul Ibaad (die Rechte des Volkes) zu verstehen, damit wir die Pflichten mit dem gleichen Eifer erfüllen, wie wir versuchen, Haqooq Allah (die Rechte Allahs) zu erfüllen (Aameen).

UNS VOR DER TÄUSCHUNG DURCH DEN SATAN SCHÜTZEN

Zuflucht bei Allah(S.W.T.) suchen:

Wir müssen Allah um Seinen Schutz bitten und uns auf Ihn allein für Hilfe und Schutz vor Satan verlassen. Surah Al-Falaq und An-Nas des Quran dürfen regelmäßig rezitiert werden. Wir müssen uns darüber im Klaren sein, dass Satan niemals aufgeben wird, uns in die Irre zu führen, solange wir am Leben sind. Wir müssen immer auf der Hut sein und Allah ständig um Führung und Schutz bitten.

"Und wenn du zu einer bösen Tat vom Satan aufgestachelt worden bist, dann nimm deine Zuflucht bei Allah; wahrlich, Er ist Allhörend, Allwissend. Wahrlich, diejenigen, die dann gottesfürchtig sind, wenn sie eine Heimsuchung durch Satan trifft, und sich dann ermahnen lassen: siehe, gleich sehen sie (ihren klaren Weg) wieder." (Surah Al-A'raf, V:200-201)

Es wird überliefert, dass der Gesandte Allahs ﷺ pflegte, Zuflucht vor dem bösen Blick der Dschinn und der Menschen zu suchen. Als die Verse der Zuflucht (Surah Al-Falaq & An-Nas) offenbart wurden, begann er sie zu rezitieren und hörte auf, etwas anderes zu rezitieren." (Sunan Ibn Majah, Book 31, Hadith 76)

Vergebung suchen:

Wenn wir den Machenschaften des Satans erliegen, haben wir durch die Gnade und Barmherzigkeit Allahs(S.W.T.) immer noch die Möglichkeit, unsere Fehler zu berichtigen, indem wir unsere Verfehlungen eingestehen und bei Allah bereuen.

Der Prophet ﷺ sagte: "Satan sagte zum Herrn der Herrlichkeit: 'Bei Deiner Herrlichkeit, o Herr, ich werde weiterhin versuchen, Deine Sklaven irrezuführen, solange ihre Seelen in ihren Körpern sind.' Der Herr sagte: 'Bei Meiner Herrlichkeit und Majestät, Ich werde ihnen so lange vergeben, wie sie Mich um Vergebung bitten.'" (Ahmad)

Damit Reue akzeptiert wird, muss sie aufrichtig sein, mit der Absicht, dieselbe Sünde nie wieder zu begehen. Der Heilige Prophet ﷺ sagte: "Derjenige, der von der Sünde bereut, ist wie derjenige ohne Sünde." (Ibn Majah)

Vermeiden Sie sündige Umgebungen und bewahren Sie sich gute Kameradschaft:

Die Gesellschaft, die Sie pflegen, beeinflusst stark Ihre Entscheidungen und Handlungen. Gute Gefährten werden dich an Allah erinnern und dich ermutigen, Gutes zu tun, während eine schlechte Gesellschaft dich in die Arme des Satans führt. Wir müssen uns daher von allem distanzieren, was zur Sünde führen kann.

"sbe Nachsicht, gebiete das Rechte und wende dich von den Unwissenden ab." (Surah Al-A'raf, V:199)

Der Gesandte Allahs ﷺ riet: "Ein Mensch ist auf dem Weg seines engen Freundes, also seid vorsichtig, mit wem ihr euch anfreundet." (Tirmidhi)

Tue weiterhin gute Taten und sei demütig zu Allah(S.W.T.):

Indem wir die Häufigkeit unserer guten Taten erhöhen und uns damit beschäftigen, Wissen über den Quran und die Hadithe zu erlangen, ist es ein ausgezeichneter Schutz vor Satan. Wenn man sich den ganzen Tag über mit dem Guten beschäftigt, ist es weniger wahrscheinlich, dass man von Satans Tricks beeinflusst wird. Wir sollten uns immer daran erinnern, dass Satan aufgrund seiner Arroganz ein Ausgestoßener war, also egal wie fromm wir werden, wir sollten immer demütig vor Allah, dem Allmächtigen, sein und daran denken, dass alle unsere Taten nur durch den Willen Allahs(S.W.T.) akzeptabel sind.

Am Tag des Jüngsten Gerichts wird Satan seine Sünden und das Unheil, das er angerichtet hat, bekennen. Er wird vor der ganzen Schöpfung erklären, dass Allah(S.W.T.) derjenige ist, der die Wahrheit sagt und dass er (Satan) ein Lügner ist.

Wir bitten Allah, den Allmächtigen, bei Seinen schönsten Namen und erhabensten Attributen, uns unsere Sünden zu vergeben und uns Zuflucht vor den Fallen des Satans zu gewähren.

AMEEN

ISBN 978-1-990544-46-0

*Suche nach der ISBN auf der Website des Händlers

Premium-Farbseiten Hardcover

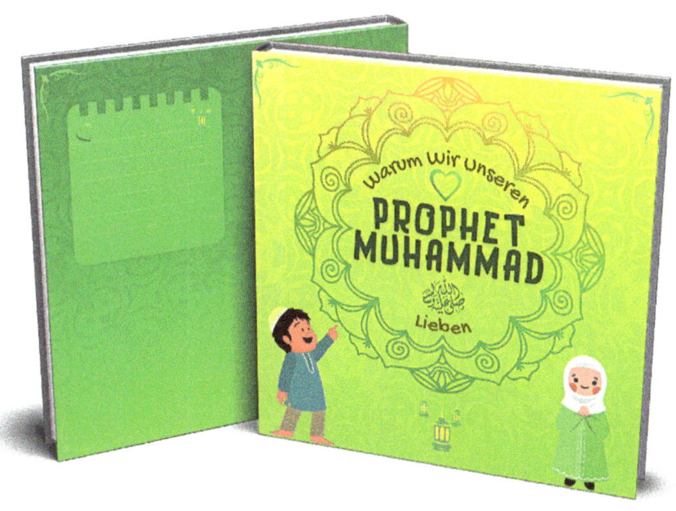

ISBN 978-1-990544-50-7

ISBN 978-1-990544-47-7

ISBN 978-1-990544-48-4

ISBN 978-1-990544-49-1

*Suche nach der ISBN auf der Website des Händlers

Premium-Farbseiten Hardcover

ISBN 978-1-990544-50-7 — Warum Wir Unseren Prophet Muhammad ﷺ Lieben?

Dieses wunderschön gestaltete Buch verbreitet den Duft der Liebe und des Mitgefühls, die der Heilige Prophet ﷺ durch seine Lehren und Taten gezeigt hat. Seine Barmherzigkeit umfasst alle, d.h. die Kinder, die Diener, die Armen, die Tiere und die Vögel und vor allem seine Ummah (Muslimische Nation).

Die Kinder werden auch lernen, wie man den Gesandten Allahs ﷺ für seine unermesslichen Opfer und seinen Kampf für die Verbreitung des Islams zurücklieben kann, und wie man sein Mitgefühl auf andere ausdehnen kann.

ISBN 978-1-990544-47-7 — Engel & Dschinn; Wer Sind Sie?

Muslimische Kinder fragen sich oft, was es mit den Engeln und Dschinn auf sich hat.

Gibt es sie wirklich oder sind sie nur ein Mythos? Wann und warum wurden sie erschaffen? Sind sie mächtiger und größer als die Menschen? Wie können sie uns helfen oder schaden?

Dieses wunderschön gestaltete Buch beantwortet die Neugierde der Kinder auf die Realität der Engel und Dschinn. Kinder werden den islamischen Glauben über sie lernen und das unsichtbare Universum Allahs (S.W.T) um uns herum erkunden.

ISBN 978-1-990544-48-4 — Was ist Religion?

Muslimische Kinder fragen oft nach den großen Religionen in der heutigen modernen Welt.

Was sind die Unterschiede zwischen ihren Anhängern? Wie wurden sie gebildet und verbreitet? Warum hat Allah, der Allmächtige, zahlreiche Propheten und Gesandte geschickt? Was ist die Einzigartigkeit und Authentizität des Islam und des Propheten Muhammad ﷺ?

Dieses wunderschön gestaltete Buch beantwortet die Neugier der Kinder auf verschiedene Religionen und hilft den Eltern, das Konzept und die Authentizität der letzten wahren Religion, des Islam, zu erklären.

ISBN 978-1-990544-49-1 — Raschidun-Kalifen

Die Lebensgeschichte von vier großen Gefährten des Propheten Muhammad ﷺ

Dieses wunderschön gestaltete Buch erklärt den Kindern die großartigen Lehren des Propheten Muhammad ﷺ an seine Gefährten (R.A.), die ihre Denkweise völlig veränderten, und wie sie diese Lehren später umsetzten, um Freunde und Feinde gleichermaßen zu inspirieren.

Erfahren Sie, wie diese vier rechtgeleiteten Kalifen zu einem Leuchtturm der Führung wurden und zum ersten Mal das Konzept eines Wohlfahrtsstaates für die heutige Welt schufen.

*Suche nach der ISBN auf der Website des Händlers

www.ingramcontent.com/pod-product-compliance
Lightning Source LLC
Chambersburg PA
CBHW041055050726
47599CB00018B/2158